Umrah Guide Book

Step-by-Step Umrah Guide

with

Important Rules for Female & Guidance

Published By:
Islamic Book Store

Prepared By:

Mufti Faraz Adam

Published By:

Islamic Book Store

302 Saad Residency

Sahin Park, M G Road

Bardoli

INDIA (394601)

Mob.: 0091 9979353876

Umrah Guide

What is Ihram?

Ihram literally means to declare something unlawful upon oneself.

Ihram is commonly referred to the clothing worn by a person performing Umrah or Hajj.

However, Ihram in the context of Shari'ah refers to entering into a state of adhering to the prohibitions of even normally permitted things, with the intention of performing Hajj and/or Umrah. The wearing of the white clothing symbolises this state, although this state is not entered into by wearing the sheets of white alone.

الإِحْرَامُ عِنْدَ الحَنَفِيَّةِ هُوَ الدُّخُول فِي حُرُمَاتٍ مَخْصُوصَةٍ غَيْرَ أَنَّهُ لاَ يَتَحَقَّقُ شَرْعًا إِلاَّ بِالنِّيَّةِ مَعَ الذِّكْرِ أَوِ الخُصُوصِيَّةِ .
وَالْمُرَادُ بِالدُّخُول فِي حُرُمَاتٍ: الْتِزَامُ الحُرُمَاتِ، وَالْمُرَادُ بِالذِّكْرِ التَّلْبِيَةُ وَنَحْوُهَا مِمَّا فِيهِ تَعْظِيمُ اللهِ تَعَالَى. (الموسوعة الفقهية الكويتية ج 2 ص 129 دارالسلاسل)

Before Ihram

Before coming into the state of Ihram:

- It is Sunnah to take a bath.
- It is Mustahab :

to trim one's moustache

remove hair from pubic areas

clip nails

apply perfume

1 (والغسل) وهو سنة للإحرام مطلقا (إرشاد الساري إلى مناسك ملا علي القاري ص 127 مؤسسة الريان)

عَنْ خَارِجَةَ بْنِ زَيْدِ بْنِ ثَابِتٍ، عَنْ أَبِيهِ، أَنَّهُ «رَأَى النَّبِيَّ صَلَّى اللَّهُ عَلَيْهِ وَسَلَّمَ تَجَرَّدَ لِإِهْلَالِهِ وَاغْتَسَلَ» وقال الترمذي «هَذَا حَدِيثٌ حَسَنٌ غَرِيبٌ»

2 إذا أراد الرجل الإحرام يستحب له أن يقص شاربه ويقلم أظفاره ويحلق عانته كذا التوارث (المسالك في المناسك ج 1 ص 323 دار البشائر)

ومس طيبا إن كان له (الهداية ج 2 ص 164 مكتبة البشرى)

(وَطَيِّبَ بَدَنَهُ) إنْ كَانَ عِنْدَهُ لَا ثَوْبَهُ بِمَا تَبْقَى عَيْنُهُ هُوَ الْأَصَحُّ (حاشية ابن عابدين ج 2 ص 481 أيج أيم سعيد)

عَنْ عَائِشَةَ، قَالَتْ: «كُنْتُ أُطَيِّبُ رَسُولَ اللَّهِ صَلَّى اللهُ عَلَيْهِ وَسَلَّمَ، بِأَطْيَبِ مَا كُنْتُ أَجِدُ مِنَ الطِّيبِ حَتَّى أَرَى وَبِيصَ الطِّيبِ فِي رَأْسِهِ، وَلِحْيَتِهِ قَبْلَ أَنْ يُحْرِمَ» رواه النسائي

Clothes of Ihram

Male Ihram:

- It is preferable to wear two white new or washed sheets of cloth: an upper garment and a lower garment.
- Males should wear slippers/sandals which expose the tarsal bone/mid foot area where there is a protruding bone.

1 مستحبات الإِحْرَام ...ولبس إزاراً ورداءً جديدين أبيضين وَهُو أفضل أو غسيلين (تحفة الملوك ج 1 ص 158 دار الكتب)

2(قَوْلُهُ فَيَقْطَعُهُمَا) أَمَّا لَوْ لَبِسَهُمَا قَبْلَ الْقَطْعِ يَوْمًا فَعَلَيْهِ دَمٌ وَفِي أَقَلَّ صَدَقَةٌ لُبَابٌ (قَوْلُهُ أَسْفَلَ مِنْ الْكَعْبَيْنِ) الَّذِي فِي الْحَدِيثِ وَلْيَقْطَعْهُمَا حَتَّى يَكُونَا أَسْفَلَ مِنْ الْكَعْبَيْنِ، وَهُوَ أَفْصَحُ مِمَّا هُنَا ابْنُ كَمَالٍ وَالْمُرَادُ قَطْعُهُمَا بِحَيْثُ يَصِيرُ الْكَعْبَانِ وَمَا فَوْقَهُمَا مِنْ السَّاقِ مَكْشُوفًا لَا قَطْعُ مَوْضِعِ الْكَعْبَيْنِ فَقَطْ كَمَا لَا يَخْفَى وَالنَّعْلُ هُوَ الْمِدَاسُ بِكَسْرِ الْمِيمِ وَهُوَ مَا يَلْبَسُهُ أَهْلُ الْحَرَمَيْنِ مِمَّنْ لَهُ شِرَاكٌ (قَوْلُهُ عِنْدَ مَعْقِدِ الشِّرَاكِ) وَهُوَ الْمَفْصِلُ الَّذِي فِي وَسَطِ الْقَدَمِ كَذَا رَوَى هِشَامٌ عَنْ مُحَمَّدٍ، بِخِلَافِهِ فِي الْوُضُوءِ فَإِنَّهُ الْعَظْمُ النَّاتِئُ أَيْ الْمُرْتَفِعُ وَلَمْ يُعَيِّنْ فِي الْحَدِيثِ أَحَدَهُمَا لَكِنْ لَمَّا كَانَ الْكَعْبُ يُطْلَقُ عَلَيْهِمَا حُمِلَ عَلَى الْأَوَّلِ احْتِيَاطًا لِأَنَّ الْأَحْوَطَ فِيمَا كَانَ أَكْثَرَ كَشْفًا بَحْرٌ (حاشية ابن عابدين ج 2 ص 490 السعيد)

قَالَ: (وَلَا يَلْبَسُ قَمِيصًا وَلَا سَرَاوِيلَ وَلَا عِمَامَةً وَلَا قَلَنْسُوَةً وَلَا قَبَاءً وَلَا خُفَّيْنِ) لِأَنَّهُ - عَلَيْهِ الصَّلَاةُ وَالسَّلَامُ - نَهَى أَنْ يَلْبَسَ الْمُحْرِمُ هَذِهِ الْأَشْيَاءَ، فَإِنْ لَمْ يَجِدْ إِزَارًا فَتَقَ سَرَاوِيلَهُ فَاتَّزَرَ بِهِ، وَإِنْ لَمْ يَجِدْ رِدَاءً شَقَّ قَمِيصَهُ فَارْتَدَى بِهِ، وَإِنْ لَمْ يَجِدْ نَعْلَيْنِ يَقْطَعُ الْخُفَّيْنِ أَسْفَلَ الْكَعْبَيْنِ؛ لِأَنَّ هَذِهِ الْأَشْيَاءَ تَخْرُجُ عَنْ لِبْسِ الْمَخِيطِ وَهُوَ الَّذِي يَقْدِرُ عَلَيْهِ وَالتَّكْلِيفُ بِحَسَبِ الطَّاقَةِ. (الإختيار لتعليل المختار ج 1 ص 144 دار الكتب العلمية)

(قَوْلُهُ فَيَجُوزُ إلَخْ) تَفْرِيعٌ عَلَى مَا فُهِمَ مِمَّا قَبْلَهُ وَهُوَ جَوَازُ لُبْسِ مَا لَا يُغَطِّي الْكَعْبَ الَّذِي فِي وَسَطِ الْقَدَمِ وَالسُّرْمُوزَةِ قِيلَ هُوَ الْمُسَمَّى بِالْبَابُوجِ. وَذَكَرَ ح أَنَّ الظَّاهِرَ أَنَّهَا الَّتِي يُقَالُ لَهَا الصِّرْمَةُ. قُلْت: الْأَظْهَرُ الْأَوَّلُ لِأَنَّ الصِّرْمَةَ الْمَعْرُوفَةَ الْآنَ هِيَ الَّتِي تُشَدُّ فِي الرِّجْلِ مِنْ الْعَقِبِ وَتَسْتُرُهُ وَالظَّاهِرُ أَنَّهُ لَا يَجُوزُ سَتْرُهُ فَيَجِبُ إذَا لَبِسَهَا أَنْ لَا يَشُدَّهَا مِنْ الْعَقِبِ، وَإِذَا كَانَ وَجْهُهَا أَوْ وَجْهُ الْبَابُوجِ طَوِيلًا، بِحَيْثُ يَسْتُرُ الْكَعْبَ الَّذِي فِي وَسَطِ الْقَدَمِ يَقْطَعُ الزَّائِدَ السَّاتِرَ أَوْ يَحْشُو فِي دَاخِلِهِ خِرْقَةً بِحَيْثُ تَمْنَعُ دُخُولَ الْقَدَمِ كُلِّهَا وَلَا يَصِلُ وَجْهُهُ إلَى الْكَعْبِ وَقَدْ فَعَلْت ذَلِكَ وَقْتَ الْإِحْرَامِ احْتِرَازًا عَنْ قَطْعِ وَجْهِ الْبَابُوجِ لِمَا فِيهِ مِنْ الْإِتْلَافِ (رد المحتار ج 2 ص 490 السعيد)

Clothes of Ihram

Female Ihram:

- Women may wear an abaya, scarf, gloves, socks and shoes.
- The face must not have anything touching it physically. However, a lady should cover the face with cap fitted with a veil hanging over the cap to prevent it touching the face.

1 (لها أن تلبس المخيط)..(غير المصبوغ)..(والخفين)..(والقفازين)..(وتغطي رأسها) (إرشاد الشاري إلى مناسك ملا علي القاري ص 162 مؤسسة الريان)

2 (وتغطي رأسها) أي لا وجهها إلا نها غطت وجهها بشيء متجاف جاز وفي النهاية إن سدل الشيء على وجهها واجب عليها ودلت المسألة على أن المرأة منهية عن إظهار وجهها للأجانب بلا ضرورة كذا في المحيط وفي الفتح قالوا والمستحب أن تسدل على وجهها شيئا وتجافيه (إرشاد الشاري إلى مناسك ملا علي القاري ص 162 مؤسسة الريان)

عَنْ عَائِشَةَ، قَالَتْ: «كَانَ الرُّكْبَانُ يَمُرُّونَ بِنَا وَنَحْنُ مَعَ رَسُولِ اللَّهِ صَلَّى اللهُ عَلَيْهِ وَسَلَّمَ مُحْرِمَاتٌ، فَإِذَا حَاذَوْا بِنَا سَدَلَتْ إِحْدَانَا جِلْبَابَهَا مِنْ رَأْسِهَا عَلَى وَجْهِهَا فَإِذَا جَاوَزُونَا كَشَفْنَاهُ» (سنن أبي داود)

2 Rak'at for Ihram

- It is a sunnah to perform 2 rak'at of Salah just before entering into the state of Ihram.
- It is preferable to recite Surah Kafirun in the first rak'at and Surah Ikhlas in the second rak'at.

(وَيُصَلِّي) فِي مَوْضِعِ الْإِحْرَامِ (رَكْعَتَيْنِ) قَرَأَ فِيهِمَا مَا شَاءَ وَالْأَفْضَلُ أَنْ يَقْرَأَ بَعْدَ الْفَاتِحَةِ: قُلْ يَا أَيُّهَا الْكَافِرُونَ وَالْإِخْلَاصَ تَبَرُّكًا بِفِعْلِهِ – عَلَيْهِ الصَّلَاةُ وَالسَّلَامُ – وَلَا يُصَلِّي فِي الْوَقْتِ الْمَكْرُوهِ (مجمع الأنهر في شرح ملتقى الأبحر ج 2 ص 267 دار إحياء التراث)

When should Ihram be worn?

- One must enter into the state of Ihram before passing the Miqat boundary.
- Miqat is the outer boundary from where those wishing to perform Hajj or Umrah must enter into the state of Ihram.
- 5 Boundaries:
- 1) Dhul Hulaifah: north of Makkah
- 2) Al-Juhfah/Rabigh : north west of Makkah. (This is applicable to those who come from the west)
- 3) Yalamlam- south east of Makkah.
- 4) Qarn al-Manazil: east of Makkah.
- 5) Dhat al-Iraq: North east of Makkah in the direction of Iraq.

(وَالْمَوَاقِيتُ) أَيْ الْمَوَاضِعُ الَّتِي لَا يُجَاوِزُهَا مُرِيدُ مَكَّةَ إلَّا مُحْرِمًا خَمْسَةٌ (ذُو الْحُلَيْفَةِ) بِضَمٍّ فَفَتْحٍ مَكَانٌ عَلَى سِتَّةِ أَمْيَالٍ مِنْ الْمَدِينَةِ وَعَشْرِ مَرَاحِلَ مِنْ مَكَّةَ تُسَمِّيهَا الْعَوَامُّ أَبْيَارَ عَلِيٍّ – رَضِيَ اللَّهُ عَنْهُ – يَزْعُمُونَ أَنَّهُ قَاتَلَ الْجِنَّ فِي بَعْضِهَا وَهُوَ كَذِبٌ (وَذَاتُ عِرْقٍ) بِكَسْرٍ فَسُكُونٍ عَلَى مَرْحَلَتَيْنِ مِنْ مَكَّةَ (وَجُحْفَةٌ) عَلَى ثَلَاثِ مَرَاحِلَ بِقُرْبِ رَابِغٍ (وَقَرْنٌ) عَلَى مَرْحَلَتَيْنِ فَتْحُ الرَّاءِ خَطَأٌ وَنِسْبَةُ أُوَيْسٍ إلَيْهِ خَطَأٌ آخَرُ (وَيَلَمْلَمُ) جَبَلٌ عَلَى مَرْحَلَتَيْنِ أَيْضًا (لِلْمَدَنِيِّ وَالْعِرَاقِيِّ وَالشَّامِيِّ) الْغَيْرِ الْمَارِّ بِالْمَدِينَةِ بِقَرِينَةِ مَا يَأْتِي (وَالنَّجْدِيِّ وَالْيَمَنِيِّ) لَفٌّ وَنَشْرٌ مُرَتَّبٌ (الدر المختار من نسخة حاشية ابن عابدين ج 2 ص 475 أيج ايم سعيد)

قَالَ عَبْدٌ: أَخْبَرَنَا مُحَمَّدٌ – أَخْبَرَنَا ابْنُ جُرَيْجٍ، أَخْبَرَنِي أَبُو الزُّبَيْرِ، أَنَّهُ سَمِعَ جَابِرَ بْنَ عَبْدِ اللهِ رَضِيَ اللهُ عَنْهُمَا، يُسْأَلُ عَنِ الْمُهَلِّ فَقَالَ: سَمِعْتُ – أَحْسَبُهُ رَفَعَ إِلَى النَّبِيِّ صَلَّى اللهُ عَلَيْهِ وَسَلَّمَ – فَقَالَ: «مُهَلُّ أَهْلِ الْمَدِينَةِ مِنْ ذِي الْحُلَيْفَةِ، وَالطَّرِيقُ الْآخَرُ الْجُحْفَةُ، وَمُهَلُّ أَهْلِ الْعِرَاقِ مِنْ ذَاتِ عِرْقٍ، وَمُهَلُّ أَهْلِ نَجْدٍ مِنْ قَرْنٍ، وَمُهَلُّ أَهْلِ الْيَمَنِ مِنْ يَلَمْلَمَ» (رواه مسلم)

Miqat Boundaries

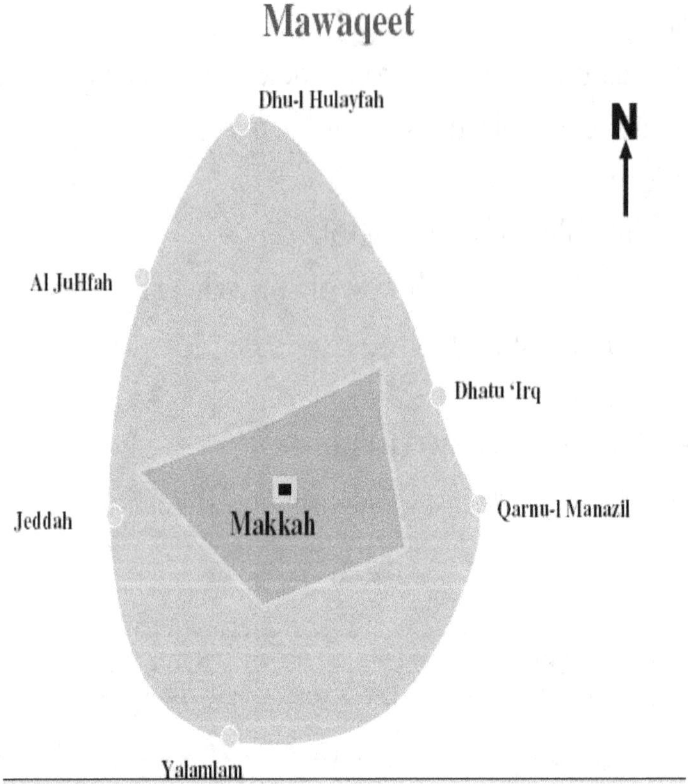

Mawaqeet

Dhu-l Hulayfah

N ↑

Al JuHfah

Dhatu 'Irq

Jeddah

Makkah

Qarnu-l Manazil

Yalamlam

Entering into Ihram

- Niyyah + Talbiyah = Ihram
- One may recite the following Du'a before reciting the Talbiyah:

اللَّهُمَّ إِنِّي أُرِيدُ الْعُمْرَةَ فَيَسِّرْهَا لِيْ وَتَقَبَّلْهَا مِنِّي

- One should then recite the Talbiyah with the intention of coming into Ihram.

ولا يصير شارعا في الإحرام بمجرد النية ما لم يأت بالتلبية (الهداية ج 2 ص 169 مكتبة البشرى)
فَإِذَا نَوى وَلَبَّى فَقَدْ أَحْرَمَ (الاختيار ج 1 ص 144 دار الكتب)
وَلَا يَصِيرُ شَارِعًا بِمُجَرَّدِ النِّيَّةِ ما لم يَأْتِ بِالتَّلْبِيَةِ أو ما يَقُومُ مَقَامَهَا من الذِّكْرِ أو سَوْقِ الْهَدْيِ أو تَقْلِيدِ الْبَدَنَةِ كَذَا في الْمُضْمَرَاتِ (الفتاوى الهندية ج 1 ص 222 الرشيدية)
وَالْأَفْضَل أن يذكر النِّيَّة بِاللِّسَانِ مَعَ الْقلب فَيَقُول اللَّهُمَّ إِنِّي أُرِيد الْحَج وَالْعمْرَة فيسرهما لي وتقبهلما مني (تحفة الفقهاء ج 1 ص 399 دار الكتب)

Talbiyah

- Talbiyah is the pilgrim's answer to Allah's call to Hajj.

لَبَّيْكَ اللَّهُمَّ لَبَّيْكَ، لَبَّيْكَ لاَ شَرِيكَ لَكَ لَبَّيْكَ، إِنَّ الحَمْدَ وَالنِّعْمَةَ لَكَ وَالمُلْكَ،
لاَ شَرِيكَ لَكَ

Labbayk Allahuma Labbayk. Labbayka La Shareeka Laka Labbayk. Innal Hamda Wan-Ni'mata laka wal mulk. La Shareeka Laka

"Here I am at Your service, O Lord, here I am. Here I am, there is no partner for You, here I am. Truly, all praise, favours and sovereignty are Yours. There is no partner for You."

(، وَهِيَ لَبَّيْكَ اللَّهُمَّ لَبَّيْكَ لَبَّيْكَ لا شَرِيكَ لَكَ لَبَّيْكَ، إنَّ الْحَمْدَ وَالنِّعْمَةَ لَك وَالْمُلْكَ لا شَرِيكَ لَك) أَيْ التَّلْبِيَةُ أَنْ يَقُولَ لَبَّيْكَ إلَخْ كَذَا حَكَى ابْنُ عُمَرَ تَلْبِيَةَ النَّبِيِّ – صَلَّى اللَّهُ عَلَيْهِ وَسَلَّمَ – مُتَّفَقٌ عَلَيْهِ
(تبيين الحقائق ج 2 ص 10 إمدادية)

عَنْ عَبْدِ اللَّهِ بْنِ عُمَرَ رَضِيَ اللَّهُ عَنْهُمَا: " أَنَّ تَلْبِيَةَ رَسُولِ اللَّهِ صَلَّى اللهُ عَلَيْهِ وَسَلَّمَ: لَبَّيْكَ اللَّهُمَّ لَبَّيْكَ، لَبَّيْكَ لاَ شَرِيكَ لَكَ لَبَّيْكَ، إِنَّ الحَمْدَ وَالنِّعْمَةَ لَكَ وَالمُلْكَ، لاَ شَرِيكَ لَكَ " (رواه البخاري)

Rules regarding Talbiyah

Sahl ibn S'ad reports that the Prophet salallahu alaihi wasallam said,

"*When a Muslim recites Talbiyah, then verily every stone, tree and even the ground around him recite the Talbiyah with him to the ends of the Earth.*" (Tirmidhi)

- The Talbiyah should be recited as much as possible.
- Men should recite the Talbiyah audibly without disturbing others. Women should recite the Talbiyah quietly.
- The Talbiyah should be recited individually as much as possible.

عَنْ سَهْلِ بْنِ سَعْدٍ قَالَ: قَالَ رَسُولُ اللهِ صَلَّى اللهُ عَلَيْهِ وَسَلَّمَ: «مَا مِنْ مُسْلِمٍ يُلَبِّي إِلَّا لَبَّى مَنْ عَنْ يَمِينِهِ، أَوْ عَنْ شِمَالِهِ مِنْ حَجَرٍ، أَوْ شَجَرٍ، أَوْ مَدَرٍ، حَتَّى تَنْقَطِعَ الأَرْضُ مِنْ هَاهُنَا وَهَاهُنَا» (رواه الترمذي)
ثُمَّ يُكَرر التَّلْبِيَة فِي أدابر الصَّلَوَات المكتوبات والنوافل بعد الْإِحْرَام وَكلما علا شرفا أَو هَبَط وَاديا أَو لَقِي ركبا وَكلما اسْتَيْقَظَ من مَنَامه وَفِي الأسحار هَكَذَا جَاءَت الْأَخْبَار عَن رَسُول الله صلى الله عَلَيْهِ وَسلم
(تحفة الفقهاء ج 1 ص 140 دار الكتب

وتخفي الْمَرْأَة التَّلْبِيَة ويجهر بهَا الرجل (النتف في الفتاوى ص 204 دار الفرقان)

(وإذا كانوا جماعة)..(لا يمشي أحد على تلبية الآخر)..(بل كل إنسان يلبي بنفسه)..(دون أن يمشي على صوت غيره (إرشاد الساري إلى مناسك ملا على القاري ص 146 مؤسسة الريان)

Forbidden acts in Ihram

- Sins are even more emphatically forbidden.
- Foul language, fighting, quarrelling are strictly forbidden.
- All forms of intimacy with one's spouse.
- Wearing day to day clothes like Jubbah, shirt, trousers, t-shirts, hats etc. for men is prohibited.
- Using perfume and fragrances is not allowed.
- Removal of body hair is prohibited; to comb, pluck, trim or cut hair is not permitted.
- Clipping the nails is prohibited.
- Wearing footwear covering the shoe-lace area is prohibited.

فإذا لبيك ناويا فقد أحرمت فألق الرفث وهو الجماع وقيل ذكره بحضرة النساء والكلام الفاحش والفسوق والمعاصي والجدال مع الرفقاء والخدم وقتل صيد البر والإشارة إليه والدلالة عليه ولبس المخيط والعمامة والخفين وتغطية الرأس والوجه ومس الطيب وحلق الرأس والشعر. (مراقي الفلاح ص 276 المكتبة العصرية)

(والجماع)..(ودواعيه كالقبلة واللمس) وفي معناهما النظر بشهوة (إرشاد الساري إلى مناسك ملا على القاري ص 165 مؤسسة الريان)

(قَوْلُهُ أَيْ الْجِمَاعَ) هُوَ قَوْلُ الْجُمْهُورِ شَرْحُ اللُّبَابِ - {أُحِلَّ لَكُمْ لَيْلَةَ الصِّيَامِ الرَّفَثُ إِلَى نِسَائِكُمْ} [البقرة: 187]- بَحْرٌ (قَوْلُهُ أَوْ ذِكْرَهُ بِحَضْرَةِ النِّسَاءِ) هُوَ قَوْلُ ابْنِ عَبَّاسٍ وَقِيلَ ذِكْرُهُ وَدَوَاعِيهِ مُطْلَقًا، قِيلَ: وَهُوَ الْأَصَحُّ شَرْحُ اللُّبَابِ، وَظَاهِرُ صَنِيعِ غَيْرِ وَاحِدٍ تَرْجِيحُ مَا عَنْ ابْنِ عَبَّاسٍ نَهْرٌ. (رد المحتار)

(وكل ما يواري الكعب الذي عند معقد شراك النعل) (إرشاد الساري إلى مناسك ملا على القاري ص 165 مؤسسة الريان)

Forbidden acts in Ihram

It is forbidden

- For a male to cover the head with something touching the head.
- For a male and female to cover the face in a manner something is touching the face.
- To hunt or help in hunting.
- To kill lice.

Note: Any of these acts done will result in penalty whether by mistake or forgetfully.

(قَالَ) وَإِنْ دَخَلَ تَحْتَ سِتْرِ الْكَعْبَةِ حَتَّى غَطَّاهُ فَإِنْ كَانَ السِّتْرُ يُصِيبُ رَأْسَهُ وَوَجْهَهُ كُرِهْتُ لَهُ ذَلِكَ لِتَغْطِيَةِ الرَّأْسِ وَالْوَجْهِ بِهِ، وَإِنْ كَانَ لَا يُصِيبُ رَأْسَهُ وَلَا وَجْهَهُ فَلَا بَأْسَ بِهِ وَلَا شَيْءَ عَلَيْهِ؛ لِأَنَّ التَّغْطِيَةَ إنَّمَا تَحْصُلُ بِمَا يُمَاسُّ بَدَنَهُ، وَعَلَى هَذَا لَوْ حَمَلَ الْمُحْرِمُ شَيْئًا عَلَى رَأْسِهِ فَإِنْ كَانَ شَيْئًا مِنْ جِنْسِ مَا لَا يُغَطَّى بِهِ الرَّأْسُ كَالطَّسْتِ وَالْإِجَّانَةِ وَنَحْوِهَا فَلَا شَيْءَ عَلَيْهِ، وَإِنْ كَانَ مِنْ جِنْسِ مَا يُغَطَّى بِهِ الرَّأْسُ مِنْ الثِّيَابِ فَعَلَيْهِ الْجَزَاءُ؛ لِأَنَّ مَا لَا يُغَطَّى بِهِ الرَّأْسُ يَكُونُ هُوَ حَامِلًا لَا مُسْتَعْمِلًا، أَلَا تَرَى أَنَّ الْأَمِينَ لَوْ فَعَلَ ذَلِكَ لَا يَصِيرُ ضَامِنًا (المبسوط للسرخسي ج 4 ص 130 دار المعرفة)

وَلَا بَأْسَ بِأَنْ تَسْدُلَ الْخِمَارَ عَلَى وَجْهِهَا مِنْ فَوْقِ رَأْسِهَا عَلَى وَجْهٍ لَا يُصِيبُ وَجْهَهَا، وَقَدْ بَيَّنَّا ذَلِكَ عَنْ عَائِشَةَ – رَضِيَ اللَّهُ عَنْهَا –؛ لِأَنَّ تَغْطِيَةَ الْوَجْهِ إنَّمَا يَحْصُلُ بِمَا يُمَاسُّ وَجْهَهَا دُونَ مَا لَا يُمَاسُّهُ فَيَكُونُ هَذَا فِي مَعْنَى دُخُولِهَا تَحْتَ سَقْفٍ. وَيُكْرَهُ أَنْ تَلْبَسَ الْبُرْقُعَ؛ لِأَنَّ ذَلِكَ يُمَاسُّ وَجْهَهَا (المبسوط للسرخسي ج 2 ص 128 دار المعرفة)

Permissible acts in Ihram

- Having a shower for purification or for coolness.
- Using unscented soap. However, it is preferable not to remove dirt.
- Injections
- Bandages
- To wear sunglasses, glasses or a watch
- To change a nappy or diaper
- Using miswak
- It is permissible to wrap yourself in a blanket. The whole body can be covered except the face and head.
- To wear a belt.
- To kill scorpions, snakes, mosquitoes, wasps and flies.

(قَوْلُهُ لا يَتَّقِي الِاسْتِحْمَامَ إلَخْ) شُرُوعٌ فِي مُبَاحَاتِ الْإِحْرَامِ وَفِي شَرْحِ اللُّبَابِ وَيُسْتَحَبُّ أَنْ لا يُزِيلَ الْوَسَخَ بِأَيِّ مَاءٍ كَانَ بَلْ يَقْصِدُ الطَّهَارَةَ أَوْ رَفْعَ الْغُبَارِ وَالْحَرَارَةِ (رد المحتار ج 2 ص 490 أيج أيم سعيد)

(وَغَسْلَ رَأْسِهِ وَلِحْيَتِهِ بِخِطْمِي) لِأَنَّهُ طِيبٌ أَوْ يَقْتُلُ الْهَوَامَّ، بِخِلَافِ صَابُونٍ وَدَلُوكٍ وَأُشْنَانٍ اتِّفَاقًا زَادَ فِي الْجَوْهَرَةِ وَسِدْرٍ وَهُوَ مُشْكِلٌ (الدر المختار ج 2 488-489 أيج أيم سعيد)

وَيَجُوزُ أَنْ يَرْتَدِيَ بِقَمِيصٍ وَجُبَّةٍ وَيَلْتَحِفَ بِهِ فِي نَوْمٍ أَوْ غَيْرِهِ اتِّفَاقًا (الدر المختار ج 2 ص 489 أيج أيم سعيد)

(وَشَدَّ هِمْيَانٍ) بِكَسْرِ الْهَاءِ (فِي وَسَطِهِ وَمِنْطَقَةٍ وَسَيْفٍ وَسِلَاحٍ وَتَخَتُّمٍ) زَيْلَعِيٌّ لِعَدَمِ التَّغْطِيَةِ وَاللُّبْسِ (الدر المختار ج 2 ص 490-491 أيج أيم سعيد)

(وَ) لا يَتَّقِي (خِتَانًا وَفَصْدًا وَحِجَامَةً وَقَلْعَ ضِرْسِهِ وَجَبْرَ كَسْرٍ وَحَكَّ رَأْسِهِ وَبَدَنِهِ) لَكِنْ بِرِفْقٍ إنْ خَافَ سُقُوطَ شَعْرِهِ أَوْ قَمْلِهِ فَإِنَّ فِي الْوَاحِدَةِ يَتَصَدَّقُ بِشَيْءٍ وَفِي الثَّلَاثِ كَفٌّ مِنْ طَعَامٍ غُرَرُ الْأَحْكَامِ (الدر المختار ج 2 ص 491 أيج أيم سعيد)

ولا شيء بقتل غراب واحد وعقرب وفأرة وحية وكلب عقور وبعوض ونمل وبرغوث وقرد وزحلفاة وما ليس بصيد. (مراقي الفلاح ص 282 المكتبة العصرية)

Umrah

1.Ghusl for Ihram:	Sunnah
2. 2 rak'ahs before Ihram	Sunnah
3. Ihram with Intention and Talbiyah	**condition (fardh)**
4. Tawaf	**requirement (fardh)**
5. 2 rak'ah after Tawaf	**necessary (wajib)**
6. Sa'y	**necessary (wajib)**
7.Halaq (shaving)/Qasar (trimming)	**necessary (wajib)**

(وأما فرائضه)..(فالطواف والنية)..(والإحرام) وفيهما فرضان وهما النية والتلبية.وأما ركنها فالطواف.والإحرام شرط..(وواجباتها: السعي)..(والحلق أو التقصير) (إرشاد الساري إلى مناسك ملا على القاري ص 654 مؤسسة الريان)

(ثم يصلي ركعتيه) أي ركعتي الطواف وجوبا عندنا (إرشاد الساري إلى مناسك ملا على القاري ص 655 مؤسسة الريان)

Performing Umrah - Entering Makkah

- The city of Makkah should be entered with humbleness with the heart fully conscious of the Grandeur of Almighty Allah.
- It is not a sight-seeing trip.
- Upon entering the city of Makkah, one will be taken to the hotel. Place baggage in the hotel.
- If you are really tired and it is not salah time, it is advisable to rest before performing Umrah. Umrah can take many hours in peak times like the Hajj season and therefore requires plenty of energy.
- If one is travelling with the elderly and unwell, it may be a wise idea to perform Umrah at night when the heat is less.
- One should be engaged in reciting the Talbiyah all the while.

(فيبدأ بالمسجد)..إلا أن يكون له عذر بأن يخشى على أهله وماله الفتنة والضياع..(بعد حط أثقاله) أي في موضع حصين ليكون قلبه فارغا (إرشاد الساري إلى مناسك ملا على القاري ص 180 مؤسسة الريان)

(قَوْلُهُ وَإِذَا دَخَلَ مَكَّةَ بَدَأَ بِالْمَسْجِدِ) يَعْنِي بَعْدَمَا يَأْمَنُ عَلَى أَمْتِعَتِهِ بِوَضْعِهَا فِي حِرْزٍ (درر الحكام شرح غرر الأحكام ج 1 ص 222 مير محمد كتب)
(ولا يؤخره) أي دخول المسجد والطواف (إلا لعذر) (إرشاد الساري إلى مناسك ملا على القاري ص 180 مؤسسة الريان)

Performing Umrah-Entering al-Masjid al-Haram

- Enter with the right foot reading the Du'as and reciting salawaat upon the Prophet salallahu alaihi wasallam.
- Proceed to the Ka'bah not as a tourist but as a servant with utmost humbleness.
- Reach a place where the Ka'bah is clearly visible and which is not obstructing others.
- Stop and make du'a. This is a very sacred place and time for the acceptance of du'a.

فتدخل المسجد الحرام منه متواضعا خاشعا ملبيا ملاحظا جلالة المكان مكبرا مهللا مصليا على النبي صلى الله عليه وسلم متلطفا بالمزاحم داعيا بما أحببت فإنه يستجاب عند رؤية البيت المكرم (مراقي الفلاح ص 277 المكتبة العصرية)

(وحِينَ رَأى البَيْتَ كَبَّرَ،) اللهَ، واسْتَحْضَرَ في قلبه عظمة تلك البُقعة (وهَلَّلَ) تجديداً للتوحيد (ودَعَا) لأَن الدعاء عند رؤيته مستجاب (فتح باب العناية)

Al-Masjid al-Haram

The Ka'bah

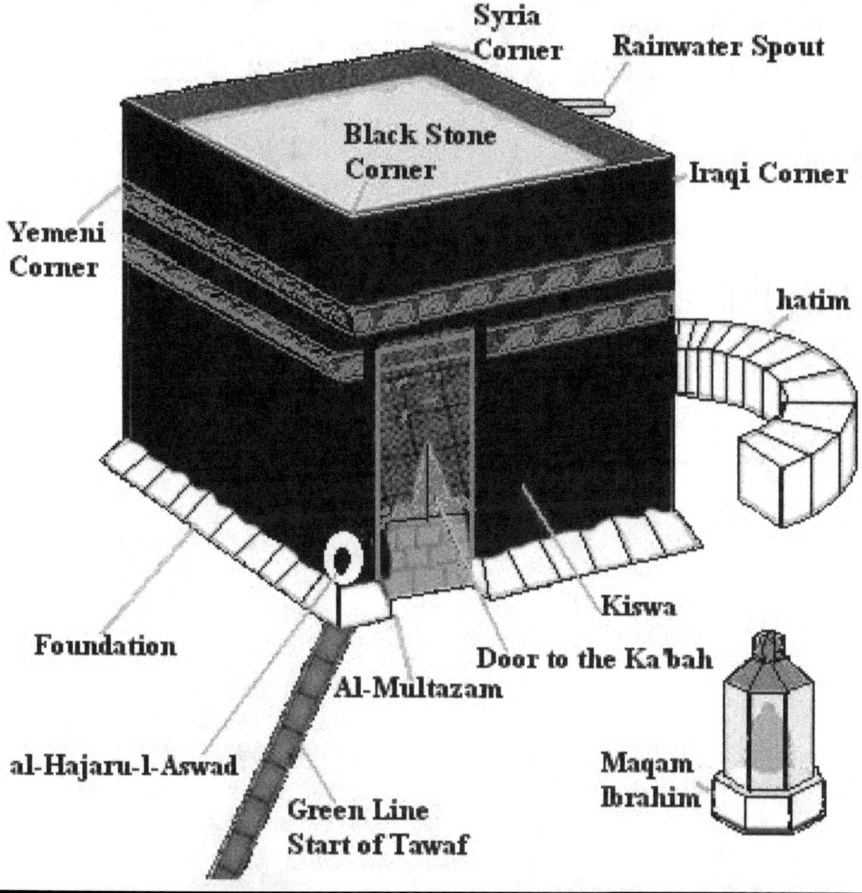

- Syria Corner
- Rainwater Spout
- Black Stone Corner
- Iraqi Corner
- Yemeni Corner
- hatim
- Kiswa
- Foundation
- Door to the Ka'bah
- Al-Multazam
- al-Hajaru-l-Aswad
- Green Line Start of Tawaf
- Maqam Ibrahim

Preparation for Tawaf

- Tawaf is a compulsory part of Umrah and Hajj.
- Tawaf is to walk around the Ka'bah seven times.
- It is Wajib (necessary) to have Wudhu when performing Tawaf.
- To begin Tawaf, one should proceed to the corner of the Ka'bah where the black stone is.

واجب للطواف بالكعبة. (نور الإيضاح ص 24 المكتبة العصرية)
(جَاعِلًا) قَبْلَ شُرُوعِهِ (رِدَاءَهُ تَحْتَ إبْطِهِ الْيُمْنَى مُلْقِيًا طَرَفَهُ عَلَى كَتِفِهِ الْأَيْسَرِ) (رد المحتار ج 2 ص 495 أيج أيم سعيد)
قَالَ فِي الْفَتْحِ وَيَنْبَغِي أَنْ يَضْطَبِعَ قَبْلَ شُرُوعِهِ فِي الطَّوَافِ بِقَلِيلٍ اهـ فَلَوْ قَالَ الشَّارِحُ قُبَيْلَ شُرُوعِهِ لَكَانَ أَصْوَبَ فَافْهَمْ. (رد المحتار ج 2 ص 495 أيج أيم سعيد)
وسنّته من حين الشروع في الطوافِ إلى فراغه، فإذا فرغَ من الطوافِ تركه، ولو صلّى ركعتي الطواف مضطجعاً كره ذلك. كذا في ((شرح لباب المناسك)). (عمدة الرعاية ج 3 ص 353)
(ولا تضطبع) (إرشاد الساري إلى مناسك ملا على القاري ص 162مؤسسة الريان)

Preparation for Tawaf

- Men should uncover their right shoulder by taking the Ihram sheet under their right arm. This is called Idhtiba'.
- Idhtiba' should be done shortly before the Tawaf. Likewise, once the Tawaf is completed, one should cover his shoulder again.
- Women must not uncover any part of their body.
- The recitation of Talbiyah ends with the commencing of Tawaf.

(جاعِلًا) قَبْلَ شُرُوعِهِ (رِدَاءَهُ تَحْتَ إبْطِهِ الْيُمْنَى مُلْقِيًا طَرَفَهُ عَلَى كَتِفِهِ الْأَيْسَرِ) (رد المحتار ج 2 ص 495 أيج أيم سعيد)
قَالَ فِي الْفَتْحِ وَيَنْبَغِي أَنْ يَضْطَبِعَ قَبْلَ شُرُوعِهِ فِي الطَّوَافِ بِقَلِيلٍ اهـ فَلَوْ قَالَ الشَّارِحُ قُبَيْلَ شُرُوعِهِ لَكَانَ أَصْوَبَ فَافْهَمْ. (رد المحتار ج 2 ص 495 أيج أيم سعيد)
وسنّته من حين الشروع في الطوافِ إلى فراغه، فإذا فرغ من الطوافِ تركه، ولو صلّى ركعتي الطواف مضطجعاً كره ذلك. كذا في ((شرح لباب المناسك)). (عمدة الرعاية ج 3 ص 353)
(ولا تضطبع) (إرشاد الساري إلى مناسك ملا على القاري ص 162مؤسسة الريان)

Tawaf

- Step in line with the black stone with the body facing it. Now 2 actions need to be done:
- 1) Istiqbal
- 2)Istilam
- Istiqbal is to raise one hands like one does in salah whilst facing the black stone and say:

ألله أكبر لا إله إلا الله

After raising the hands and saying the above, one will put the hands back down to one's side. This will always be done when one commences any Tawaf.

يْ مُشِيرًا بِكَفَّيْهِ نَحْوَ الْكَعْبَةِ ثُمَّ يُقَبِّلُ كَفَّيْهِ، ذَكَرَهُ قَاضِي خَانْ (درر الحكام شرح غرر الأحكام ج 1 ص 222 مير محمد)
وإن أمكنه الاستلام من غير إيذاء أحد، ولكن لم يمكنه التقبيل من غير ذلك لا يقبله، بل يستلمه، ويقبل يديه، (المحيط)
فَإِذا أَتى مَكَّة فَلَا بَأْس بِأَن يدخلهَا لَيْلًا أَو نَهَارا وَيَأْتِي الْمَسْجِد الْحَرَام وَيبدأ بِالْحجرِ الْأسود فَإِن استقبله كبر وَرفع يَدَيْهِ كَمَا يرفع فِي الصَّلَاة ثمَّ يرسلهما ثمَّ يستلمه إِن أمكنه من غير أَن يُؤْذِي أحدا وَإِن لم يُمكنهُ
كبر وَهَلل وَحمد الله وَصلى على النَّبِي صلى الله عَلَيْهِ وَسلم وَهُوَ رَافع يَدَيْهِ مُسْتَقْبلا بِوَجْهِهِ إِلَيْهِ (تحفة الفقهاء ج 1 ص 401 دار الكتب)
فَاسْتَقْبَلَ (الْحَجَرَ مُكَبِّرًا مُهَلِّلًا رَافِعًا يَدَيْهِ) كَالصَّلَاةِ (الدر المختار من رد المحتار ج 2 ص 493 أيج أيم سعيد)
وَيَسْتَقْبِلُهُ وَيُكَبِّرُ رَافِعًا يَدَيْهِ كما يُكَبِّرُ لِلصَّلَاةِ ثُمَّ يُرْسِلُهُمَا كَذَا في فَتَاوَى قَاضِي خَانْ (الهندية ج 1 ص 225 الرشيدية)

Tawaf- Istilaam

- Istilam is to make some form of contact directly or indirectly with the al-Hajr al-Aswad (black stone).
- If one can touch the black stone without pushing, shoving or causing some difficulty, then one should place both hands on the stone and then place one's lips in between. When kissing the stone, a noise should not be made.
- If one cannot kiss the stone, then merely touching the stone and kissing one's hands will suffice.
- Nowadays, due to the crowds, the above are very difficult.

(صفة الاستلام).(أن يضع كفيه على الحجر)..(ويضع فمه بين كفيه)..(ويقبله من غير صوت)..(إن تيسر)..(وإلا يمسحه)..(بالكف)..(ويقبله)..(وإن لم تيسر ذلك)..(أمس الحجر شيئا)..(وقبل ذلك الشيء)..(وإلا).. (يقف بحياله)..(مستقبلا له رافعا يديه مشيرا بهما إليه كأنه واضع يديه عليه)..(مبسملا مكبرا مهللا حامدا مصليا داعيا وقبل كفيه بعد الإشارة) (إرشاد الساري إلى مناسك ملا على القاري ص 186مؤسسة الريان)

Tawaf- Istilaam

- It is sufficient to be in line with the black stone facing it from a distance, with the palms of both hands raised towards the black stone, saying:

باسم الله الله أكبر

After pointing to the black stone with one's palms, one should kiss his hands and put them down.

- Istilam will be performed a total of 8 times: at the beginning of every round in Tawaf and after completing the 7th round.

لِأَنَّ أَشْوَاطَ الطَّوَافِ كَرَكَعَاتِ الصَّلَاةِ وَالِاسْتِلَامَ كَالتَّكْبِيرِ فَيَفْتَتِحُ بِهِ كُلَّ شَوْطٍ كَمَا يَفْتَتِحُ كُلَّ رَكْعَةٍ بِالتَّكْبِيرِ وَيَخْتِمُ الطَّوَافَ بِالِاسْتِلَامِ، (تبيين الحقائق ج 2 ص 18 إمدادية)

Facing al-Hajr al-Aswad

Hajar al Aswad
(the Black Stone)

Tawaf

- After performing Istilam, one will begin Tawaf (circumambulation) of the Ka'bah.
- A male will walk briskly in the first three rounds. This is called Raml.
- If it is not possible to walk briskly due to the crowds, or due to one having to look after family, one may walk normally.
- A female will not do Raml. She will walk normally.
- Raml will only be performed in the first three rounds. In the last four rounds, a male should walk normally.
- Raml and Idhitba' will only take place in that Tawaf which has a sa'i after it.
- In a Nafl Tawaf, one will not perform Raml or Idhtiba'.

فيفتتح الطّواف فيطوف حول الْكَعْبَة سَبْعَة أَشْوَاط يرمل فِي الثَّلَاثَة الأول وَيَمْشي على هينته فِي الْأَرْبَع الْبَوَاقِي من الْحجر إِلَى الْحجر ويستلم الْحجر فِي كل شوط مفتتحا لطوافه بِهِ فَإِن ازْدحم النَّاس فِي الرمل يرمل بعد ذَلِك إِذا وجد مسلكا (تحفة الفقهاء ج 1 ص 403 دار الكتب)

وَالْأَصْلُ فِيهِ أَنَّ الرَّمَلَ سُنَّةُ طَوَافٍ عَقِيبَهُ سَعْيٌ، وَكُلُّ طَوَافٍ يَكُونُ بَعْدَهُ سَعْيٌ يَكُونُ فِيهِ رَمَلٌ، وَإِلَّا فَلَا (بدائع الصنائع)

(وَلَا تَرْمُلُ) فِي الطَّوَافِ (مجمع الأنهر ج 1 ص 285 دار إحياء التراث العربي)

Tawaf

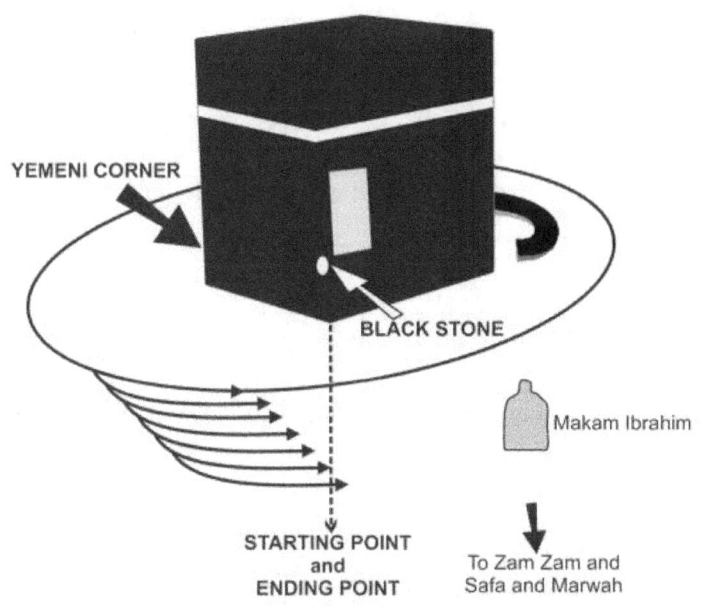

DIAGRAM ABOVE SHOWS SEQUENCE OF TAWAAF

Miscellaneous rulings regarding Tawaf

- One must walk around the Hatim and not cut through.
- During Tawaf recite Qur'an, Dhikr and make Du'a.
- One should avoid talking whilst performing Tawaf.
- One should not read loud in a manner which disturbs others.
- It is disliked to eat.
- One may drink Zamzam in between if one feels thirsty.

(الطواف وراء الحطيم) (إرشاد الساري إلى مناسك ملا على القاري ص 217 مؤسسة الريان)
(وترك الكلام)..(وكل عمل ينافي الخشوع) (إرشاد الساري إلى مناسك ملا على القاري ص 227مؤسسة الريان)
(ورفع الصوت ولو بالقرآن والذكر والدعاء) أي بحيث يشوش على الطائفين والمصلين (إرشاد الساري إلى مناسك ملا على القاري ص 234 مؤسسة الريان)
(والأكل).(وقيل الشرب) إلا أنه سومح فيه عند الأكثر (إرشاد الساري إلى مناسك ملا على القاري ص 235مؤسسة الريان)
(قَوْلُهُ بَنَى) أَيْ عَلَى مَا كَانَ طَافَهُ، وَلَا يَلْزَمُهُ الِاسْتِقْبَالُ فَتْحٌ. قُلْت: ظَاهِرُهُ أَنَّهُ لَوْ اسْتَقْبَلَ لَا شَيْءَ عَلَيْهِ فَلَا يَلْزَمُهُ إتْمَامُ الْأَوَّلِ لِأَنَّ هَذَا الِاسْتِقْبَالَ لِلْإِكْمَالِ بِالْمُوَالَاةِ بَيْنَ الْأَشْوَاطِ، ثُمَّ رَأَيْت فِي اللُّبَابِ مَا يَدُلُّ عَلَيْهِ حَيْثُ قَالَ فِي فَصْلِ مُسْتَحَبَّاتِ الطَّوَافِ: وَمِنْهَا اسْتِئْنَافُ الطَّوَافِ لَوْ قَطَعَهُ أَوْ فَعَلَهُ عَلَى وَجْهٍ مَكْرُوهٍ قَالَ شَارِحُهُ لَوْ قَطَعَهُ أَيْ وَلَوْ بِعُذْرٍ وَالظَّاهِرُ أَنَّهُ مُقَيَّدٌ بِمَا قَبْلَ إتْيَانِ أَكْثَرِهِ اهـ بَقِيَ مَا إذَا حَضَرَتْ الْجِنَازَةُ أَوْ الْمَكْتُوبَةُ فِي أَثْنَاءِ الشَّوْطِ هَلْ يُتِمُّهُ أَوْ لَا؟ لَمْ أَرَ مَنْ صَرَّحَ بِهِ عِنْدَنَا وَيَنْبَغِي عَدَمُ الْإِتْمَامِ إذَا خَافَ فَوْتَ الرَّكْعَةِ مَعَ الْإِمَامِ وَإِذَا عَادَ لِلْبِنَاءِ هَلْ يَبْنِي مِنْ مَحَلِّ انْصِرَافِهِ أَوْ يَبْتَدِئُ الشَّوْطَ مِنْ الْحَجَرِ؟ وَالظَّاهِرُ الْأَوَّلُ قِيَاسًا عَلَى مَنْ سَبَقَهُ الْحَدَثُ فِي الصَّلَاةِ ثُمَّ رَأَيْت بَعْضَهُمْ نَقَلَهُ عَنْ صَحِيحِ الْبُخَارِيِّ عَنْ عَطَاءِ بْنِ أَبِي رَبَاحٍ التَّابِعِيِّ وَهُوَ ظَاهِرُ قَوْلِ الْفَتْحِ بَنَى عَلَى مَا كَانَ طَافَهُ وَاَللَّهُ أَعْلَمُ. (رد المحتار ج 2 ص 497 أيج أيم سعيد)

Miscellaneous rulings regarding Tawaf

- Whilst performing Tawaf, if one's Wudhu breaks, a Fardh Salah starts or one needs to take a break, then it is permissible to pause the Tawaf and then continue from the very place he stopped.
- One will not gesture to any other corner of the Ka'bah besides the corner with the black stone.
- It is mustahab to touch the al-Rukn al-Yamani (Yemeni corner) if it possible. If one cannot go near it due to the crowd, one should not gesture towards to it.
- The al-Rukn al-Yamani should not be kissed.

(قَوْلُهُ وَاسْتَلَمَ الرُّكْنَ الْيَمَانِيَّ) أَيْ فِي كُلِّ شَوْطٍ وَالْمُرَادُ بِالِاسْتِلَامِ هُنَا لَمْسُهُ بِكَفَّيْهِ أَوْ بِيَمِينِهِ دُونَ يَسَارِهِ بِدُونِ تَقْبِيلٍ وَسُجُودٍ عَلَيْهِ وَلَا نِيَابَةَ عَنْهُ بِالْإِشَارَةِ عِنْدَ الْعَجْزِ عَنْ لَمْسِهِ لِلزَّحْمَةِ شَرْحُ اللُّبَابِ (رد المحتار ج 2 ص 498 أيج أيم سعيد)

Al-Rukn al-Yamani (The Yemeni Corner)

Completing Tawaf

- The Tawaf is completed upon making Istilaam of al-Hajar al-Aswad (the black stone) at the end of the 7th round. This will be the eighth Istilaam in total.
- It is Wajib to perform two rak'ats after Tawaf.
- The two rak'ats should not be performed in the Makruh times for salah. These times are: After the Fajr prayer, at sunrise, at zenith, after the Asr prayer and at sunset.
- It is preferable to perform these two rak'ats behind Maqam al-Ibrahim. However, if there is not sufficient space, one may perform these two rak'ats anywhere.

فَإِذا فرغ من الطّواف يُصَلّي رَكْعَتَيْنِ عِنْد مقَام إِبْرَاهِيم عَلَيْهِ السَّلَام أَو حَيْثُ تيَسّر عَلَيْهِ فِي الْمَسْجِد وَهِي عندنَا وَاجِبَة (تحفة الفقهاء ج 1 ص 402 دار الكتب)

وَإِنْ صَلَّاهُمَا فِي غَيْرِ الْمَسْجِدِ أَوْ فِي غَيْرِ مَكَّةَ جَازَ ... وَلَا يُصَلِّيهِمَا إلَّا فِي وَقْتٍ مُبَاحٍ (الجوهرة النيرة ج 1 ص 154 مير محمد)

وَمنع عَن الصَّلَاة وَسجْدَة التِّلَاوَة وَصَلَاة الْجِنَازَة عِنْد الطُّلُوع والأستواء والغروب إِلَّا عصر يَوْمه وَعَن التَّنَفُّل وركعتي الطّواف بعد صَلَاة الْفَجْر وَالْعصر (ملتقى الأبحر ج 1 ص 110 دار الكتب)

Sa'i

- Sa'i is a Wajib element in Umrah. It is performed after the Tawaf. Sa'i is to walk between the two hillocks Safa and Marwah.

- Sa'i is performed by walking between these two hillocks seven times, starting at Safa and ending at Marwah.

- The place where Sai is carried out is called Mas'aa.

(وَالْعُمْرَةُ) فِي الْعُمُرِ (مَرَّةً سُنَّةٌ مُؤَكَّدَةٌ) عَلَى الْمَذْهَبِ وَصَحَّحَ فِي الْجَوْهَرَةِ وُجُوبَهَا. قُلْنَا الْمَأْمُورُ بِهِ فِي الْآيَةِ الْإِتْمَامُ وَذَلِكَ بَعْدَ الشُّرُوعِ وَبِهِ نَقُولُ (وَهِيَ إحْرَامٌ وَطَوَافٌ وَسَعْيٌ) (الدر المختار من نسخة رد المحتار ج 2 ص 472 أيج أيم سعيد)

(ثُمَّ مَشَى نَحْوَ الْمَرْوَةِ سَاعِيًا بَيْنَ الْمِيلَيْنِ الْأَخْضَرَيْنِ) الْمُتَّخَذَيْنِ فِي جِدَارِ الْمَسْجِدِ (وَصَعِدَ عَلَيْهَا وَفَعَلَ مَا فَعَلَهُ عَلَى الصَّفَا يَفْعَلُ هَكَذَا سَبْعًا يَبْدَأُ بِالصَّفَا وَيَخْتِمُ) (الدر المختار من نسخة رد المحتار ج 2 ص 501 أيج أيم سعيد)

Preparing for Sa'i

- After performing the two rak'ats for Tawaf, one should go in line with the al-Hajar al-Aswad again and do Istilam for the commencing of Sa'i.

- He will then exit the Masjid and head towards the Safa hillock which is located in the mas'aa (place where Sa'i is done).

ثمَّ إذا فرغ من رَكْعَتي الطّواف يعود إِلَى الْحجر الْأسود فيستلمه إن أمكنه أَو يستقبله بِوَجْهِهِ وَيكبر ويهلل ويحمد الله تَعَالَى على مَا ذكرنَا حَتَّى يكون افْتِتَاح السَّعْي باستلام الْحجر كَمَا يكون افْتِتَاح الطّواف بِهِ (تحفة الفقهاء ج 1 ص 402 دار الكتب)

A view of the mas'aa (where sa'i is performed)

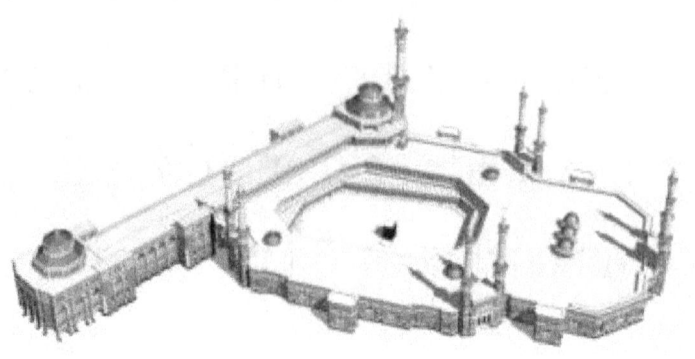

Aerial view of Mas'aa

Marwa

Safwa

Performing Sa'i

- One will come to the Safa hillock ensuring one is standing on the hillock of Safa.
- Face the Qiblah and one will say

أللہ أكبر لا إله إلا الله

"Allahu Akbar la ilaha illah"

- one should then make Du'a to Allah.
- Now head towards Marwah.
- When the green light approaches, a male should run until the next green light.

يخرج من بَاب الصفاء أَو من أَي بَاب تيَسّر لَهُ فَيبْدَأ بالصفا فيصعد عَلَيْهَا وَيقف من حَيْثُ يرى الْبَيْت ويحول وَجهه إِلَى الكبعة وَيكبر ويهلل ويحمد الله تَعَالَى ويثني عَلَيْهِ وَيُصلي على النَّبِي صلى الله عَلَيْهِ وَسلم وَيسْأَل الله تَعَالَى حَوَائِجه
وَيرْفَع يَدَيْهِ وَيجْعَل بطُون كفيه نَحْو السَّمَاء
ثمَّ يهْبط مِنْهَا نَحْو الْمَرْوَة مَاشِيا على هينته حَتَّى يَنْتَهِي إِلَى بطن الْوَادي فَإِذا كَانَ عِنْد الْميل الْأَخْضَر سعى فِي بطن الْوَادي سعيا حَتَّى يُجَاوز الْميل الْأَخْضَر ثمَّ يصعد على الْمَرْوَة مشيا على هينته فَإِذا صعد يقف وَيسْتَقْبل بِوَجْهِهِ الْكَعْبَة وَيفْعل مثلمَا فعل على الصَّفَا وَيطوف بَينهمَا سَبْعَة أَشْوَاط يبْدَأ بالصفا وَيخْتم بالمروة يعد الْبدَاءَة شوطا وَالْعود شوطا آخر فيسعى فِي بطن الْوَادي كلما مر بِهِ (تحفة الفقهاء ج 1 ص 402–403 دار الكتب)

Performing Sa'i

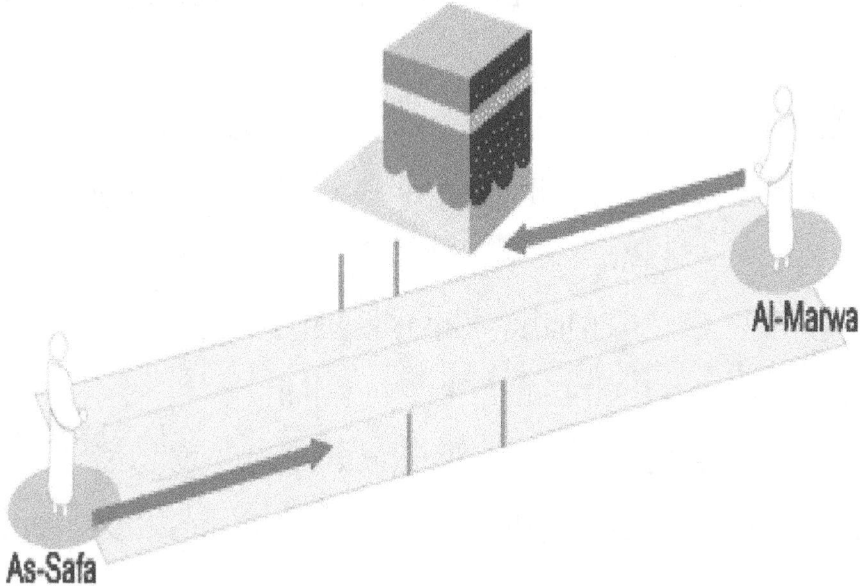

Performing Sa'i

- Women will not run between the two green lights at the mas'aa.
- When a person reaches Marwah, he has completed one lap.
- At Marwah, one will again face towards the Qiblah and say

  الله أكبر لا إله إلا الله

  "Allahu Akbar la ilaha illah"
- One should then make Du'a to Allah.
- After making Du'a, one will head again towards Safa.
- One will repeatedly do this until he finishes the seventh lap from Safa to Marwah.

(قَوْلُهُ: وَلَا تَسْعَى بَيْنَ الْمِيلَيْنِ) أَيْ فَتَمْشِي بَيْنَهُمَا عَلَى هِينَتِهَا كَبَاقِي السَّعْيِ بَيْنَ الصَّفَا وَالْمَرْوَةِ؛ لِأَنَّ سَعْيَهَا بَيْنَ الْمِيلَيْنِ مُخِلٌّ بِالسَّتْرِ أَوْ؛ لِأَنَّ أَصْلَ الْمَشْرُوعِيَّةِ لِإِظْهَارِ الْجَلَدِ وَهُوَ لِلرِّجَالِ (درر الحكام شرح غرر الحكام ج 1 ص 324 مير محمد)

Safa Mountain

Marwah Mountain

Completing Sa'i

- After standing on Marwah the seventh time and making Du'a, it is Mustahab to perform 2 rak'ats in the Masjid.

(وَصَعِدَ عَلَيْهَا وَفَعَلَ مَا فَعَلَهُ عَلَى الصَّفَا يَفْعَلُ هَكَذَا سَبْعًا يَبْدَأُ بِالصَّفَا وَيَخْتِمُ) الشَّوْطَ السَّابِعَ (بِالْمَرْوَةِ) فَلَوْ بَدَأَ بِالْمَرْوَةِ لَمْ يَعْتَدَّ بِالْأَوَّلِ هُوَ الْأَصَحُّ وَنُدِبَ خَتْمُهُ بِرَكْعَتَيْنِ فِي الْمَسْجِدِ كَخَتْمِ الطَّوَافِ (الدر المختار من نسخة رد المحتار ج 2 ص 501 أيج أيم سعيد)

Miscellaneous rulings for Sa’i

- It is not necessary to have Wudhu when performing Sa’i.
- One should engage in Dhikr and Du'a.
- If salah starts or one needs to take a break, it is permissible to continue from where one paused.

(وأما الطهارة عن الحدث الأصغر في الطواف) وكذا طهارة البدن والثوب والمكان (فليست بشرط لصحة السعي) (إرشاد الساري إلى مناسك ملا على القاري ص 251 مؤسسة الريان)

لو أقيمت الصلاة المكتوبة أو الجنازة وهو يسعى ينبغي أن يصلي ويبني وكذا لو عرض له مانع أو باعث (إرشاد الساري إلى مناسك ملا على القاري ص 255 مؤسسة الريان)

Al-Tahleeq (Shaving) and al-Taqseer (Trimming)

- Shaving or trimming the hair is Wajib for men to come out of Ihram.
- Shaving the head is better than trimming the hair.
- All the hair on the head should be shaved or trimmed.
- It is permissible to cut one's own hair or go to the barbers.
- A woman must only cut an inch of her hair and no more. She can cut it herself.
- Once a person cuts his/her hair, they are free from the laws of Ihram and the Umrah is complete.

(قَوْلُهُ وَغَيْرُهَا وَاجِبٌ) أَرَادَ بِالْغَيْرِ مِنْ الْمَذْكُورَاتِ هُنَا، وَذَلِكَ أَقَلُّ أَشْوَاطِ الطَّوَافِ وَالسَّعْيِ وَالْحَلْقِ أَوْ التَّقْصِيرِ (رد المحتار ج 2 ص 473 أيج أيم سعيد)

(قَوْلُهُ وَحَلْقٌ أَوْ تَقْصِيرٌ) لَمْ يَذْكُرْهُ الْمُصَنِّفُ لِأَنَّهُ مُحَلِّلٌ مُخْرِجٌ مِنْهَا (رد المحتار ج 2 ص 472–473 أيج أيم سعيد)

وَلَا حَلْقَ عَلَيْهَا إنَّمَا عَلَيْهَا التَّقْصِيرُ هَكَذَا رُوِيَ عَنْ رَسُولِ اللَّهِ – صَلَّى اللَّهُ عَلَيْهِ وَسَلَّمَ – أَنَّهُ نَهَى النِّسَاءَ عَنْ الْحَلْقِ وَأَمَرَهُنَّ بِالتَّقْصِيرِ عِنْدَ الْخُرُوجِ مِنْ الْإِحْرَامِ، وَلِأَنَّ الْحَلْقَ فِي حَقِّهَا مُثْلَةٌ، وَالْمُثْلَةُ حَرَامٌ، وَشَعْرُ الرَّأْسِ زِينَةٌ لَهَا كَاللِّحْيَةِ لِلرَّجُلِ فَكَمَا لَا يَحْلِقُ الرَّجُلُ لِحْيَتَهُ عِنْدَ الْخُرُوجِ مِنْ الْإِحْرَامِ لَا تَحْلِقُ هِيَ رَأْسَهَا (المبسوط ج 4 ص 33 دار المعرفة)

أما النساء فليس عليهن الحلق لأن فيه نوع مثلة في حقها فلا تؤمر به وإنما عليهن التقصير..ويكفيها قدر أنملة تأخذ من رأسها (المسالك في المناسك ج 1 ص 582 دار البشائر)

Important rulings for females

The prohibited actions during menstruation

- 8 acts are not permissible whilst experiencing one's menses:
  1) Performing Salah
  2) Fasting
  3) Reciting the Qur'an
  4) Touching the Qur'an
  5) Entering a masjid
  6) Performing Tawaf
  7) Intimate relations
  8) Fulfilling one's passions by using the area between the navel and knees without a barrier in between.

ويحرم بالحيض والنفاس ثمانية أشياء:
1 - الصلاة. 2 - والصوم. 3 - وقراءة آية من القرآن.
3 - ومسها إلا بغلاف. 4 - ودخول مسجد. 6 - والطواف.
7 - والجماع. 8 - والاستمتاع بما تحت السرة إلى تحت الركبة. (نور الإيضاح ص 38 مكتبة العصرية)

Entering into Ihram

- A woman will not perform the two rak'ats sunnah before Ihram if she is in her menses.
- A woman will merely recite the Talbiyah and make Niyyah to come into the state of Ihram.
- A woman can recite the Talbiyah and any Du'a in her menses.
- A woman cannot recite the Qur'an, perform salah, enter the masjid or perform Tawaf in her menses.

Umrah

- If a woman is experiencing her menses, she will not perform any Salah or Tawaf.
- A woman will not enter al-Masjid al-Haram until after her menses are complete and she has taken a bath.

Umrah and Menses

- If a woman entered into Ihram and she was experiencing her menses, then she will not perform the Umrah until after she becomes free of her menses.
- She will have to remain in the state of Ihram until she performs Umrah.

مسائل رفعت قاسمي ج 5 ص 109 (حامد كتب)

Missing Umrah due to menses

- If she could not perform Umrah due to the Hajj days starting, and she is still in her menses, then she should release herself from the Ihram of Umrah and now enter into the state of Ihram for Hajj.
- A woman will have to perform Qadha of Umrah and give a dam penalty in this scenario.
- Umrah should not be performed between the 9th-13th Dhul Hijjah by men and women.

مسائل رفعت قاسمي ج 5 ص 109 (حامد كتب)

Umrah Completed

- Your Umrah is now complete!

- You are now free from all the prohibitions of Ihram.

- Worship Allah in the most sacred place and turn to Him with your heart.

www.ingramcontent.com/pod-product-compliance
Lightning Source LLC
LaVergne TN
LVHW012129070526
838202LV00056B/5925
* 9 7 8 4 9 0 7 9 2 9 5 8 9 *